U0889037

姓氏

洋洋兔 编绘

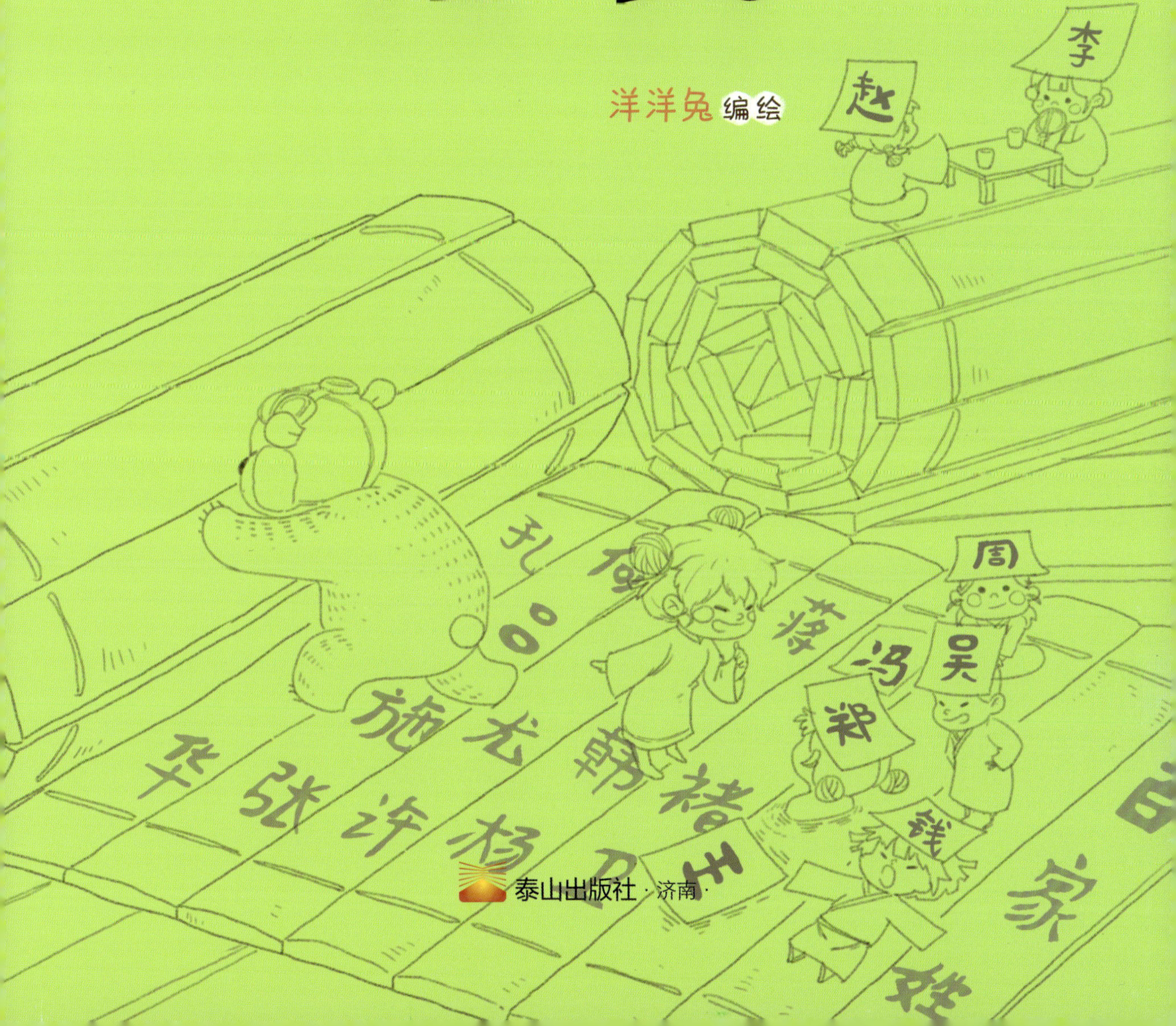

泰山出版社 · 济南 ·

图书在版编目（CIP）数据

姓氏 / 洋洋兔编绘. -- 济南 : 泰山出版社,
2020.12
（漫游中国系列）
ISBN 978-7-5519-0180-2

Ⅰ. ①姓… Ⅱ. ①李… ②洋… Ⅲ. ①姓氏—文化—
中国—儿童读物 Ⅳ. ①K810.2-49

中国版本图书馆CIP数据核字（2020）第220358号

责任编辑 池 骋
装帧设计 洋洋兔

XINGSHI
姓氏

出版发行：泰山出版社
社 址：济南市泺源大街2号 邮编：250014
电 话：综 合 部（0531）82023579 82022566
市场营销部（0531）82025510 82020455
网 址：www.tscbs.com
电子信箱：tscbs@sohu.com
印 刷：朗翔印刷（天津）有限公司
开 本：190mm×210mm 24开
印 张：1.5
字 数：80千字
版 次：2021年1月第1版
印 次：2021年1月第1次印刷
标准书号：ISBN 978-7-5519-0180-2
定 价：20.00元

目录

阿朵朵，我记得你姓黄是吧？你们每个人都有姓氏，真好！为什么北极熊没有姓氏呢？
要不你跟着我姓，叫黄灿烂？

沿着姓氏开启文化寻根之旅

“赵钱孙李，周吴郑王。”小朋友，你读过《百家姓》吗？这篇用姓氏编写而成的文章，在我国儿童口中流传了千百年。

姓氏，可以说是我们熟悉的事物之一。几乎从懂事起，我们就知道自己姓什么，爸爸妈妈姓什么，周围的小伙伴们分别姓什么。可是，为什么人人都有姓氏？姓氏到底是什么？不同的姓氏又有哪些不同的含义呢？

想知道这些问题的答案，就与灿烂熊和阿朵朵一起，踏上关于中国姓氏的文化寻根之旅吧！在这里，我们将沿着历史长河，去追寻姓氏的起源，然后看着一个个古老的姓氏，不断开枝散叶，延伸出如同繁星一般的众多姓氏。说不定，你会在书中发现自己的姓氏哦！

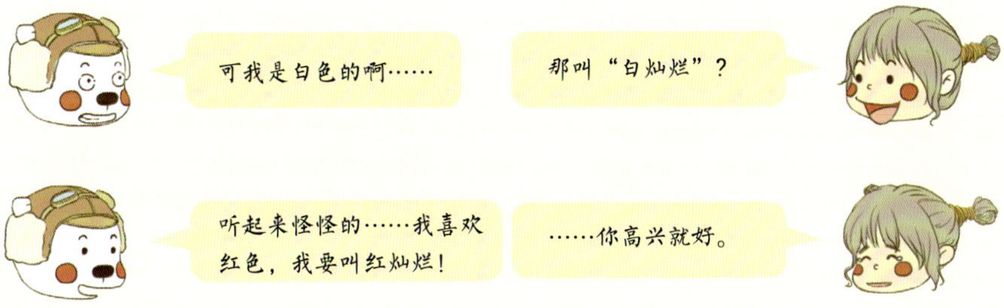

什么是“姓氏”

我们出生后，爸爸妈妈都会给我们取个好听的名字，比如张小宝、李小帅。名字的第一个字，就是我们的姓，它是由我们远古的祖先代代相传下来的。

- 图腾崇拜时期，如果部落图腾是熊，部落的人就可能姓“熊”。

我国是世界上最早使用姓氏的国家，至今已有几千年的历史。在久远的上古时期，人们崇拜一些动植物和自然现象，将它们作为自己部落的守护神，也就是图腾。久而久之，这些图腾演变成了部落的姓，这就是姓的来源。

我们现在大多子随父姓，但最初可不是这样的。

“姓”的本义是女人所生的子女。母系社会时期，人们“只知其母而不知其父”，都以母亲为中心聚集在一起，子女都随母姓。上古八大姓个个都有“女”字，这些就是从母系社会流传下来的。

后来，男子逐渐在社会中占据主导地位，形成了父系社会，子女才开始随父姓。

上古八姓

rèn jiāng jī yíng
妊、姜、姬、嬴、
yún yáo guī sì
妘、姚、妫、姒

姓与氏合称“姓氏”，现在我们知道了什么是姓，那氏又是什么呢?

其实，氏是姓的分支。随着人口繁衍增多，同一家族的人分成若干支散居到各处，各个分支的人为了区分，往往在保留姓的基础上，再给自己取个另外的称呼，这就是“氏”。

氏是地位的象征，贵族有姓有氏，平民和奴隶只有名。

最初，姓和氏都是贵族才有的特权，到了春秋战国时期，姓和氏之间的区别逐渐模糊，很多氏变成了姓。秦汉以后，姓和氏合一，统称“姓氏”，不再进行区分了。

大家的姓氏都是怎么来的

在我国，姓氏最早起源于图腾，后来随着人口繁衍增多，人们也需要越来越多的姓氏。大家的姓氏都是怎么来的呢?

有些姓氏来自封国的名称，这种情况在周朝最为普遍。周朝实行分封制，周天子把自己的兄弟、亲戚和功臣分封到各地去做诸侯，这些诸侯以国名为氏，后来变成姓，如齐、鲁、卫等。

诸侯可以在自己的封地内再次分封，这些封地叫作封邑。封邑的主人以封邑名为氏，后来这些氏也演变成姓，如温、苏、杨等。

有人以出生的地方，或这个地方的标志性事物为姓氏。黄帝出生在姬水边，所以姓姬；炎帝出生在姜水边，所以姓姜。

有的姓氏来自官职。周朝时，皇宫里有专门负责贮藏冰块的官员，叫“凌人”，他们的后代就姓凌。

有的姓氏来自技艺。古代大多子承父业，久而久之，这些技艺就成了他们的姓氏，比如制陶的工匠就是陶氏，杀猪的屠夫就是屠氏。

还有姓氏来自顺序。古代兄弟之间常用伯、仲、叔、季表示长幼顺序，伯、仲、叔、季这些姓氏就是由此而来的。

“行不更名，坐不改姓”，也有例外

人们常说“行不更名，坐不改姓”，姓氏代表血缘与传承，所以没有特殊情况，一般不会更改姓氏。不过，凡事都有例外，哪些情况下人们会更改姓氏呢？

过去，如果有人为国家立了大功，皇帝除了赏赐他金钱、官职，还可以赐姓，也就是赐他一个姓氏。

赐姓在古代是很大的荣耀。明朝七次下西洋的航海家郑和，其实原本并不姓郑，而是姓马，叫马三保。他曾为燕王朱棣（dì）立下战功，后来朱棣做了皇帝，赐他郑姓，改姓名为“郑和”。

除了皇帝赐姓，普通人改姓往往是为了避祸、避仇或避讳。

传说西汉大将军韩信，曾是功臣，后来被怀疑谋反而遭杀害。他的儿子连夜出逃，当然不敢再用原来的姓，于是将“韩”字去掉一半，从此改姓“韦”。

韩信的后代，为避祸而改姓“韦”。

过去，如果姓氏与皇帝、圣贤的名字相同或相近，要设法避开，这就是“避讳”。汉宣帝叫刘询，他登基后，姓荀的人都改姓了孙；清朝时，雍正帝下令所有人不准用孔子的名字丘，丘姓的人只好改姓邱。

单姓和复姓

在姓氏当中，最明显的区别就是单姓和复姓。单姓指的是只有一个汉字的姓氏，复姓则是由两个或两个以上的汉字组成的姓氏。

复姓在我国姓氏中所占的比例不大，北宋时期的《百家姓》收录了 444 个单姓，复姓却只有 60 个。有复姓名字的人，往往会让人印象深刻。

复姓是怎么来的呢?

有的复姓取自古代的官职，如司徒、司空、司马。司徒是古代掌管土地、户籍的官员，司空是掌管水利、营建的，司马则是掌管军事的。

有的复姓出自少数民族，如慕容、长孙、尉（yù）迟就是鲜卑族姓氏。

还有的复姓源自一些事物，比如关于姓氏“羊舌”，就有这样一个故事。

据说羊舌氏本来姓季，叫季果。有一天，有个朋友偷了只羊，把羊头送给他。季果觉得偷来的羊头不能吃，就找个地方埋了。

后来小偷事情败露，被官府抓住，他为了推卸责任，把季果供了出来。季果挖出羊头，虽然羊头外面的肉都腐烂了，但羊舌还留在里面，这成了证明他清白的关键证据。

季果因为羊舌逃过一劫，此后他就改用“羊舌”做了自己的姓氏。

你见过这些姓氏吗

我们的姓氏文化源远流长，姓氏也是形形色色，比如代表颜色的有黄、红、朱、白、墨、蓝，代表方位的有东、南、西、北、左、右，代表植物的有花、叶、杨、柳、松、桂、林等。

重视汉字意思的中国人有时也会用一些意想不到的字当作姓氏，下面这些姓氏定会让你大吃一惊！

“死”字可以说是令人忌讳的汉字之一，但还真有人以此为姓氏。这个姓氏主要分布在中国西北部，起源于古代游牧民族鲜卑族，他们有一个氏族的族名表示的是“死”的意思，后来就用汉语中的“死”字作为姓氏了。

“难”这个姓氏也出自鲜卑族。他们崇拜一种叫“吐难”的鸟，于是用鸟的名字为姓，后来逐渐简化成了单姓“难”。难姓鲜卑族后来迁居到了朝鲜半岛，现在中国已经很少有姓难的人了。

历史上还有很多罕见而有趣的姓氏，比如表示数量的一、二、三、四、五、六、七、八、九、十、百、千、万，还有糕、酒、烟、茶等，其中有些现在仍在使用。

姓氏也需要华丽的点缀

小朋友，你在学校里遇到过同姓同名的人吗？同名同姓的人虽然光听姓名容易混淆（xiáo），但如果在前面加上班级，就容易区分多了。过去，人们的姓氏前面也可以加类似的“点缀”，比如郡望和堂号。

郡望是“郡”和“望”的合称。“郡”是古代中国的一种行政区划，“望”指名门望族，郡望连用，意思就是某个地域范围内的名门望族。

过去人们的门第观念比较重，为了简单直接地让别人了解自己的出身，人们开始在姓氏前面刻意标明家族的所在地，久而久之，便形成了郡望。比如“陇西李氏”“陈郡谢氏”。

现在我们不怎么使用郡望了，许多海外华人举办红白之事时，会在门口挂两个写着郡望的灯笼，以表达对遥远故土、家乡的思念之情。

堂号是祠堂的名号。祠堂是人们供奉祖先牌位、祭祀祖先神灵的地方。过去，几乎每家都有自己的祠堂。除了祠堂匾额，堂号还可以题写在厅堂、书斋、店铺、家谱甚至钱袋等日常器物上，起到标明姓氏和家族的作用。

古代祠堂

陶渊明

堂号可以取自先世雅号、住所等，比如东晋诗人陶渊明，自号五柳先生，他的后人就有以“五柳堂”为堂号的。

有专门记录家族历史的书吗

世界上有许多不同种类的书籍，有一种是专门用来记录家族历史的，那就是家谱。家谱也叫族谱、宗谱等，类似于家族的档案资料集。

家谱记录了家族的历史发展，还有祖上一些光宗耀祖的人物等，有标榜身份的作用。在历史上最注重门第的南北朝时期，无论婚配嫁娶，还是朝廷选拔官员，都要先考察其家谱。

最初，家谱是由朝廷统一纂修的，后来发展到民间。战国时期著名的爱国诗人屈原，就曾担任“三闾（lǘ）大夫”，负责给楚国三姓公族修家谱。

不过，家谱上的信息并不都是真实的，有时人们为了给自己的家世增光，会故意把自己并到更显贵的同姓家族里，实际上和他们并没有血缘关系。

你知道我国历史上延续时间最长的家谱是谁家的吗？是孔子家的！孔子的家谱从宋朝元丰年间开始纂修，到现在已经延续了 1000 多年。

朗朗上口的《百家姓》

现在有许多专门记录或研究姓氏的书籍，过去有没有呢？当然有了，其中最著名的就是北宋时期成书的《百家姓》。

《百家姓》共收录姓氏 411 个，后来又增补到 504 个，其中单姓 444 个，复姓 60 个。

北宋初年，钱塘（今属杭州）的一位书生写下了《百家姓》。

《百家姓》的作者据说是钱塘地区的一个书生，他并没有按照当时实际的姓氏人口数量排序，而是以四字一句、字字押韵的方式，将常见的姓氏编写成了一篇朗朗上口的文章。

《百家姓》因为韵律和谐、简单易懂，被当作古代儿童的启蒙读物，与《三字经》《千字文》并称“三百千”。

《百家姓》是古代儿童三大启蒙读物之一。

《百家姓》以“赵钱孙李”开头，这四个姓氏有什么特别之处吗?

原来，《百家姓》编写于北宋初年，当时北宋皇帝姓赵，“赵”是国姓，自然放在第一位；《百家姓》的作者是浙江钱塘人，当时占据浙江一带的是吴越国，吴王叫钱俶（chù），所以“钱”在第二位；钱俶的正妃为孙姓，夫荣妻贵，“孙”在第三位；“李”是与吴越国毗邻的南唐的皇室姓氏，排在第四位。

中国人口众多，经过几千年的发展，姓氏的数量也达到了令人吃惊的程度。1996年出版的《中华姓氏大辞典》中，一共收录了11 969个汉字姓氏。

个人的标志——名

古时候，姓是区分家族的标志，在同一族群里为了区分每个人，就有了名，连起来称为“姓名”。

“名”字由“夕”和“口”组成。我国现存最早的字典《说文解字》这样解释：“名，自命也，从口、从夕。夕者，冥（míng）也，冥不想见，故以口自名。”

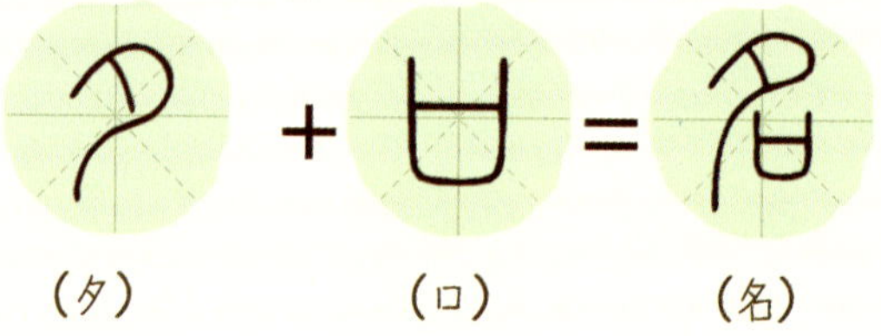

“夕”代表日落。意思是说，天黑了，人们相见，看不清对方的脸，需要用口叫他的代号，来辨认对方。

无论过去还是现在，取名都是一件大事。古时候，人们是怎么给孩子取名的呢?

有的父母根据孩子的生辰八字(出生时间对应的干支)及其对应的“五行”来取名，比如认为孩子五行缺木，就起个“林”这样带木的名字。

有的父母根据孩子的身体特征取名。春秋时期的晋成公，取名“黑臀”，就是“黑屁股”的意思，可能是因为他出生时屁股上有块黑色的胎记。

至于平民百姓，生活条件差，只希望孩子能健康成长，所以常取一些通俗简单的名字，比如石头、铁柱，是希望孩子有个强健的身体。

历史上有哪些“爆款”人名

一件商品，如果大家都很喜欢，争相购买，就会成为“爆款”。名字也一样，有的名字重复率特别高，好像不管走到哪儿都能听到，这些名字也就成了“爆款”人名。

不过，爆款人名并不只是我们这个时代的专利，历史上很多朝代都曾有主流的取名特色。

夏商时期，由于通行干支纪年法，帝王贵族们大多是用天干（甲、乙、丙、丁、戊、己、庚、辛、壬、癸）来命名的，比如太乙、盘庚、帝辛（商纣王）、武丁等。

夏商时期的帝王名

西汉时，国家处于上升和繁荣阶段，文臣武将的名字充满了对建功立业、报效国家的渴望，比如张安世、于定国。

到了魏晋南北朝时期，人名变得文雅了很多。当时特别流行用“之”做最后一个字，比如书法家王羲之、数学家祖冲之、书画家顾恺之。

魏晋南北朝时期，“之”字大为流行。

近代以后，尤其新中国成立以来，人名更多与国家命运、重大事件结合在一起。根据 2007 年的统计数据，当时全国有 40 多万人叫“国庆”、90 多万人叫“建国”呢！

什么是“字”与“号”

古人刚生下不久就有了“名”，长大后要另外取一个“字”，两者相连，通称“名字”。名是用来区分彼此的，字则是表示德行的。

字又叫表字，是古代除了本名之外的另一种正式称呼。在古代，直呼一个人的名是很不礼貌的行为，一般只有长辈可以对晚辈这样，平辈之间则要称呼字。

字是怎么取的呢？通常，字和名是相关的，比如杜甫，字子美，“甫”是古代对男子的一种美称，与“子美”同义；李白，字太白，字比名多一个“太”字；杜牧，字牧之，字比名多一个“之”字。

- 唐代诗人，字子美，号少陵野老。

- 唐代诗人，字太白，号青莲居士。

- 唐代诗人，字牧之，号樊川居士。

字可以由长辈取，也可以自己取。中唐诗人韩愈，名字“愈”是“超越”的意思。他少时年轻气盛，什么都不放在眼里，却连着三次科举考试落榜，从此学会了谦虚做人，于是给自己取字“退之”，意思是“欲成大器，必先退之”。

除了名和字，古人往往还有号。号是另一种正式称呼，一般用于晚辈称呼长辈，同辈之间如果没有字，也可以称呼号。

过去，字和号的使用频率很高，所以有时人们知道一个人的字、号，却不知道名。比如唐伯虎、徐霞客、郑板桥，其实都不是本名，“伯虎”是字，而“霞客”“板桥”是号。

- 过去，人们在文章、书籍、字画上署名，也多用号。

原来还有这些“名号”

在古代，除了姓、名、字、号，还有许多奇奇怪怪的名号，比如皇帝的年号、庙号和谥（shì）号。

年号是皇帝用来纪年的名号，纪年的第一年叫作“元年”。

历史上第一个使用年号的皇帝是汉武帝，他一生有 11 个年号，遇到值得纪念的事情就换一个。据说有一次，汉武帝猎到一只独角白麒麟，认为是祥瑞之兆，于是改年号为“元狩”。没过几年，又发现了一只宝鼎，于是又改年号为“元鼎”。

明清时期，采用“一朝一元制”，一个皇帝只有一个年号，所以我们一般直接用年号称呼他们，比如永乐皇帝、康熙皇帝。辛亥革命以后，年号纪年被废止，开始改用公元纪年。

庙号是皇帝去世后，在太庙里被供奉时的名号。庙号主要有四种：创基立业者为“太”，功高者为“高”，世代祭祀的是“世”，中兴者为“中”。另外，根据“祖有功，宗有德”的标准，给予“祖”或者“宗”的称号。例如西汉开国皇帝刘邦，庙号“太祖”；清朝皇帝乾隆，庙号“高宗”。

谥号是皇帝、大臣、后妃等权贵人物死后，依据其生前的功过和品德修养，给予的评价性质的称号。

明朝开国皇帝朱元璋

年号：洪武

庙号：太祖

谥号：高皇帝（全称：开天行道肇纪立极大圣至神仁文义武俊德成功高皇帝）

谥号并不都是溢美之词，而是有上、中、下之分。例如汉文帝刘恒的“文”，意为“道德博厚”，是表示赞扬的上谥；蜀汉怀帝刘禅的“怀”，意为“仁慈短折”，是表示同情的中谥；隋炀帝杨广的“炀”，意为“好内远礼”，是表示批评的下谥。

外国人的姓名和我们一样吗

现在无论中国还是其他国家，基本上大家都有自己的姓氏，可如果时间倒退到几百年前，情况可就完全不一样啦！

中国是世界上最早使用姓氏的国家，从母系社会姓氏产生开始，已有约 5000 年的历史。约 2500 年前，春秋战国以后，普通百姓也开始拥有姓氏。

大部分欧美国家到中世纪（公元 476 年—1640 年）才开始有姓氏的概念，越南、朝鲜等亚洲国家则是从 10 世纪左右才开始普及姓氏的。

平民百姓使用姓氏的历史

英国的姓氏起源于 13—14 世纪，最初只有贵族有，后来慢慢普及到平民。

英国姓氏主要有以下几种：

- 取自职业

如：Smith（金属工匠）、Baker（面包师）

- 取自个人特征

如：Short（短的，个子矮小）、Brown（棕色，肤色较黑）

- 取自身体部位

如：Back（背）、Hand（手）、Arms（胳膊）

- 取自居住地环境

如：Hill（住在山中）、Riverside（住在河边）

- 取自地名

如：London（伦敦）、Shcffield（谢菲尔德）、Lincoln（林肯）

- 取自动植物名

如：Fox（狐狸）、Wolf（狼）、Bush（灌木丛）

美国第16任总统亚伯拉罕·林肯（Abraham Lincoln）

日本人使用姓氏算是非常晚的，古代日本也只是贵族有姓。19世纪后期，日本实行明治维新，规定人人必须有姓，姓氏才普及开来。可以说，日本人有姓的历史不过100多年。

日本人姓氏的来源也很广泛，其中取自地名的最多，比如田中、山下、小林等。

在日本，天皇被认为是神的后代，是赐予臣民姓氏的人，所以天皇一直是有名无姓的。

《百家姓》全文

zhào qián sūn lǐ zhōu wú zhèng wáng
赵钱孙李，周吴郑王。

féng chén chǔ wèi jiǎng shěn hán yáng
冯陈褚卫，蒋沈韩杨。

zhū qín yóu xǔ hé lǚ shī zhāng
朱秦尤许，何吕施张。

kǒng cáo yán huà jīn wèi táo jiāng
孔曹严华，金魏陶姜。

qī xiè zōu yù bǎi shuǐ dòu zhāng
戚谢邹喻，柏水窦章。

yún sū pān gě xī fàn péng láng
云苏潘葛，奚范彭郎。

lǔ wéi chāng mǎ miáo fèng huā fāng
鲁韦昌马，苗凤花方。

yú rén yuán liǔ fēng bào shǐ táng
俞任袁柳，酆鲍史唐。

fèi lián cén xuē léi hè ní tāng
费廉岑薛，雷贺倪汤。

téng yīn luó bì hǎo wū ān cháng
滕殷罗毕，郝邬安常。

yuè yú shí fù pí biàn qí kāng
乐[1]于时傅，皮卞齐康。

wǔ yú yuán bǔ gù mèng píng huáng
伍余元卜，顾孟平黄。

hé mù xiāo yǐn yáo shào zhàn wāng
和穆萧尹，姚邵湛汪。

qí máo yǔ dí mǐ bèi míng zāng
祁毛禹狄，米贝明臧。

jì fú chéng dài tán sòng máo páng
计伏成戴，谈宋茅庞。

xióng jǐ shū qū xiàng zhù dǒng liáng
熊纪舒屈，项祝董梁。

dù ruǎn lán mǐn xí jì má qiáng
杜阮蓝闵，席季麻强。

jiǎ lù lóu wēi jiāng tóng yán guō
贾路娄危，江童颜郭。

méi shèng lín diāo zhōng xú qiū luò
梅盛林刁，钟徐邱骆。

gāo xià cài tián fán hú líng huò
高夏蔡田，樊胡凌霍。

yú wàn zhī kē zǎn guǎn lú mò
虞万支柯，昝管卢莫。

jīng fáng qiú miào gān xiè yīng zōng
经房裘缪，干解应宗。

dīng xuān bēn dèng yù shàn háng hóng
丁宣贲邓，郁单杭洪。

bāo zhū zuǒ shí cuī jí niǔ gōng
包诸左石，崔吉钮龚。

chéng jī xíng huá péi lù róng wēng
程嵇邢滑，裴陆荣翁。

xún yáng yū huì zhēn qū jiā fēng
荀羊於惠，甄麴家封。

ruì yì chǔ jìn jí bǐng mí sōng
芮羿储靳，汲邴糜松。

jǐng duàn fù wū wū jiāo bā gōng
井段富巫，乌焦巴弓。

mù kuí shān gǔ chē hóu fú péng
牧隗②山谷，车侯宓③蓬。

quán xī bān yǎng qiū zhòng yī gōng
全郗④班仰，秋仲伊宫。

nìng qiú luán bào gān tǒu lì róng
宁仇栾暴，甘钭厉戎。

zǔ wǔ fú liú jǐng zhān shù lóng
祖武符刘，景詹束龙。

yè xìng sī sháo gào lí jì bó
叶幸司韶，郜黎蓟薄。

yìn sù bái huái pú tái cóng è
印宿白怀，蒲邰从鄂。

suǒ xián jí lài zhuó lìn tú méng
索咸籍赖，卓蔺屠蒙。

chí qiáo yīn yù xū nài cāng shuāng
池乔阴鬱，胥能苍双。

wén shēn dǎng zhái，tán gòng láo páng。
闻莘党翟，谭贡劳逄。

jī shēn fú dǔ，rǎn zǎi lì yōng。
姬申扶堵，冉宰郦雍。

xì qú sāng guì，pú niú shòu tōng。
郤璩桑桂，濮牛寿通。

biān hù yān jì，jiá pǔ shàng nóng。
边扈燕冀，郏浦尚农。

wēn bié zhuāng yàn，chái qú yán chōng。
温别庄晏，柴瞿阎充。

mù lián rú xí，huàn ài yú róng。
慕连茹习，宦艾鱼容。

xiàng gǔ yì shèn，gē liào yǔ zhōng。
向古易慎，戈廖庾终。

jì jū héng bù，dū gěng mǎn hóng。
暨居衡步，都耿满弘。

kuāng guó wén kòu，guǎng lù què dōng。
匡国文寇，广禄阙东。

ōu shū wò lì，yù yuè kuí lóng。
欧殳沃利，蔚越夔隆。

shī gǒng shè niè，cháo gōu áo róng。
师巩厍聂，晁勾敖融。

lěng zī xīn kàn，nā jiǎn ráo kōng。
冷訾辛阚，那简饶空。

zēng wú shā niè，yǎng jū xū fēng。
曾毋沙乜，养鞠须丰。

cháo guān kuǎi xiāng，zhā hòu jīng hóng。
巢关蒯相[5]，查後荆红。

yóu zhú quán lù，gě yì huán gōng。
游竺权逯，盖益桓公。

mò qí sī mǎ，shàng guān ōu yáng。
万俟司马，上官欧阳。

xià hóu zhū gě，wén rén dōng fāng。
夏侯诸葛，闻人东方。

hè lián huáng fǔ，yù chí gōng yáng。
赫连皇甫，尉迟公羊。

注：加下划线者为复姓。

tán tái gōng yě　zōng zhèng pú yáng　jìn chǔ yán fǎ　rǔ yān tú qīn
澹台公冶，宗政濮阳。晋楚闫法，汝鄢涂钦。

chún yú chán yú　tài shū shēn tú　duàn gān bǎi lǐ　dōng guō nán mén
淳于单于，太叔申屠。段干百里，东郭南门。

gōng sūn zhòng sūn　xuān yuán líng hú　hū yán guī hǎi　yáng shé wēi shēng
公孙仲孙，轩辕令狐。呼延归海，羊舌微生。

zhōng lí yǔ wén　zhǎng sūn mù róng　yuè shuài gōu kàng　kuàng hòu yǒu qín
钟离宇文，长孙慕容。岳帅缑亢，况后有琴。

xiān yú lǘ qiū　sī tú sī kōng　liáng qiū zuǒ qiū　dōng mén xī mén
鲜于闾丘，司徒司空。梁丘左丘，东门西门。

qí guān sī kòu　zhǎng dū zǐ jū　shāng móu shé nài　bó shǎng nán gōng
亓官司寇，仉督子车。商牟佘佴⑥，伯赏南宫。

zhuān sūn duān mù　wū mǎ gōng xī　mò hǎ qiáo dá　nián ài yáng tóng
颛孙端木，巫马公西。墨哈谯笪，年爱阳佟。

qī diāo yuè zhèng　rǎng sì gōng liáng　dì wǔ yán fú　bǎi jiā xìng zhōng
漆雕乐正，壤驷公良。第五言福，百家姓终。

tuò bá jiá gǔ　zǎi fǔ gǔ liáng
拓跋夹谷，宰父榖梁。

注：①乐：yuè，又读 lè　② 隗：kuí，又读 wěi
③宓：fú，又读 mì　④郗：xī，又读 chī
⑤相：xiāng，又读 xiàng　⑥佴：nài，又读 èr